NÜTZLICHES NUDELSALAT-WISSEN

AUF DEM TITELBILD SEHEN SIE DAS REZEPT NUDELSALAT MIT OLIVEN, ARTISCHOCKEN UND SALAMI VON SEITE 13.

NUDELSALATE FRISCH EINGETROFFEN

DIE NEUESTE PASTA-MODE

KLASSIKER NEU AUFGELEGT

NUDELSALATE CROSSOVER

LIEBLINGS-PASTA MIT ÜBERRASCHUNGSEFFEKT

MEIN WUNDERBARER NUDELSALAT

MUSS ICH NUDELN FÜR SALATE EIGENTLICH »ANDERS« KOCHEN?

KANN ICH NUDELSALATE AUCH VORBEREITEN?

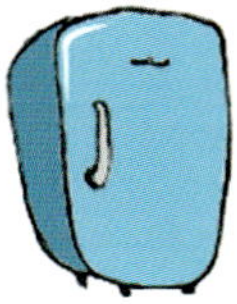

LASSEN SICH DIE REZEPTE FÜR PARTYS AUCH VERGRÖSSERN?

ICH MACHE GERN MAL NUDELSALAT FÜRS PICKNICK ODER ZUM GRILLEN AM SEE. WIE TRANSPORTIERE ICH IHN AM BESTEN?

WIE KANN ICH EINEN NUDELSALAT DENN ORIGINELL PRÄSENTIEREN?

Das nicht, halten Sie aber bitte unbedingt die auf der Packung angegebene **Kochzeit und Zubereitungsweise** ein. Und die Nudeln lieber eine Minute früher als später rausnehmen, so dass sie wirklich »al dente« sind, also **noch Biss haben**. Generell gilt fürs Nudelkochen (außer bei den Asia-Nudeln, die teils anders zubereitet werden): immer in reichlich kochendem Salzwasser und in einem ausreichend großen Topf garen, in ein Sieb abgießen, gut kalt abspülen und abtropfen lassen. Für die Rezepte in diesem Buch werden **bereits gekochte Nudeln** verwendet; für 200–280 g gekochte Nudeln müssen Sie dabei 100 g ungekochte Nudeln zubereiten.

Tja, das kommt darauf an, **wie lange vorher** ... Also: am Vortag machen und über Nacht im Kühlschrank stehen lassen, ist keine gute Idee. Der Salat ist dann zwar noch nicht verdorben, aber Geschmack und Aussehen leiden doch sehr! Bestimmte Nudelsalate wie den Thai-Tortellinisalat, den Nudelsalat à la Toast Hawaii oder den Nudelsalat mit Puten-Gyros können Sie ohne Probleme **schon ein paar Stunden vor dem Servieren** fix und fertig zubereiten. Nehmen Sie ihn dann etwa 30 Min. vor dem Essen aus dem Kühlschrank und schmecken ihn noch einmal ab. Bei allen anderen Salaten können Sie die Salatsauce und alle übrigen Zutaten schon mal separat vorbereiten – und mischen dann alles kurz vor dem Servieren in einer Schüssel.

Na klar, überhaupt **kein Problem**! Ich habe die Salatrezepte für **2 Personen zum Sattessen** konzipiert (und wenn man nicht gerade ausgehungert ist, reicht's in der Regel auch für einen dritten Esser!). **Als Partysalat** am besten die Zutaten wie Gemüse, Fleisch, Fisch etc. großzügig verdoppeln und mit je 500 Gramm Nudeln vermischen.

Die einfachste Möglichkeit: **in einer Plastikschüssel oder -dose mit gut schließendem Deckel**. Die sollte aber auf alle Fälle in die Kühltasche passen, damit der Nudelsalat frisch bleibt!

Wie wär's denn z. B. in schönen, großen Einmachgläsern mit Bügelverschluss. Oder in einer bunten Plastikschüssel, die Sie gleich mit verschenken. Exotische Variante: eine Schale aus Bananenblättern (bekommen Sie im Asienladen), die Sie mit Zahnstochern zusammenstecken.

SUPERNUDELN FÜR DEN IDEALEN SALAT

Kleine Dicke, lange Dünne – Nudeln gibt's, das gibt's ja gar nicht! Deshalb hier ein kleiner Überblick, um ein bisschen Licht in den Nudel-Dschungel zu bringen …

1 ITALIENISCHE HARTWEIZENNUDELN Schön »stabil« und kochfest und deshalb bestens für alle Nudelsalate geeignet; gibt's in kurz und lang, dick und dünn, industriell oder von Hand gefertigt. Spezielle Pastasorten wie z. B. Fusilli lunghi bucati (extralange Spiralnudeln) bekommen Sie in italienischen Feinkostläden.

2 DEUTSCHE NUDELN enthalten meist Ei (z. B. Eier-Hörnchennudeln) und sind deshalb etwas weicher. Für Nudelsalat mit Biss bitte unbedingt die angegebenen Kochzeiten einhalten und lieber eine Minute zu früh als zu spät abgießen!

3 ASIA-NUDELN Hier reicht die Bandbreite von japanischen Soba-Nudeln (aus Buchweizenmehl) über chinesische Mie-Nudeln (Weizennudeln mit Ei) bis zu thailändischen Reis- und Glasnudeln (aus Reis- bzw. Mungobohnenmehl). Einige davon bekommen Sie im gut sortierten Supermarkt, alle Übrigen in Asienläden oder übers Internet. Bereiten Sie sie bitte immer genau nach Packungsanweisung zu, sonst gibt's ganz schnell mal Nudelmatsch!

4 GEFÜLLTE NUDELN Gibt's mit allen möglichen Füllungen und in diversen Formen, am besten frisch und vakuumverpackt im Kühlregal des Supermarktes. Mit solchen Nudeln wird jeder Salat gleich zum richtigen »Sattmacher«-Essen.

5 »SPEZIALNUDELN« Hier hätten wir die in bestimmten Regionen oder Ländern beliebten Nudelsorten wie z. B. Spätzle (aus Schwaben, gibt's getrocknet im Nudelregal oder frisch in der Frischetheke) oder die reisförmigen Orzo-Nudeln (vom östlichen Mittelmeer; aus dem griechischen oder türkischen Lebensmittelladen). Dann natürlich die »gesunden« Nudeln aus Vollkorn- oder Spezialmehl wie z. B. Dinkelnudeln (aus dem Bioladen, Reformhaus oder der Bioabteilung im Supermarkt). Ebenfalls zu dieser Kategorie zählen die bunten Nudeln, die mit Spinat, Rote-Bete-Saft, Tomate, Safran oder Sepia-Tinte aromatisiert und gefärbt wurden (bekommen Sie in Lebensmittelabteilungen von großen Kaufhäusern oder in italienischen Feinkostläden).

6 WELCHE NEHM' ICH DENN HEUTE …? Ich habe bei den Nudelsalat-Rezepten auf den folgenden Seiten immer eine bestimmte Nudelsorte angegeben. Die eignet sich natürlich prima, ist aber mehr als Vorschlag gedacht! Sie können auch gerne eine andere Nudelsorte »schüsselfertig« machen.

1
2
3
4
5
GRIECHISCHER ART
KOCHZEIT 12-14 MINUTEN
NUDELSPEZIALITÄT 500 g AUS HARTWEIZENGRIESS

NUDELSALATE FRISCH EINGETROFFEN

fruchtiger Karibik-Mix

REISNUDELSALAT
MIT HUHN, MANGO UND MELONE

200 g Hähnchenbrustfilet ++ 2 EL Sojasauce ++ Sambal oelek ++ 3 EL Pflanzenöl ++ je 1/2 Honigmelone und Mango ++ 3 Frühlingszwiebeln ++ je 2 EL Reisessig und Limettensaft ++ Zucker ++ gemahlener Ingwer ++ Salz ++ 200 g bissfest gegarte Reis-Vermicelli (s. Seite 6) ++ 20 g Erdnüsse

Für 2 Personen | Zubereitung **35 Min.** | Pro Person ca. **810 kcal, 42 g EW, 26 g F, 101 g KH**

1 Hähnchenbrustfilet kalt abwaschen, abtrocknen, längs halbieren und in einer Schüssel mit der Sojasauce und 1 TL Sambal oelek vermischen. 1 EL Öl in einer Pfanne erhitzen, Fleisch darin 6–8 Min. braten, dabei einige Male wenden. Herausnehmen, abkühlen lassen, quer in Scheiben schneiden.

2 Die Melone schälen und entkernen. Die Mango ebenfalls schälen. Das Fruchtfleisch beider Früchte ca. 2 cm groß würfeln. Die Frühlingszwiebeln putzen, waschen und in feine Ringe schneiden.

3 Reisessig und Limettensaft in einer Schüssel mit dem restlichen Öl verrühren. Je 1–2 Prisen Zucker und gemahlenen Ingwer zugeben und mit Salz und Sambal oelek würzen. Gebratenes Fleisch, Nudeln, Obstwürfel und Frühlingszwiebelringe zur Sauce geben, alles gut vermischen und noch einmal abschmecken. Die Erdnüsse grob hacken und über den Salat streuen.

super fürs Party-Buffet!

NUDELSALAT
MIT HARISSA-SALSA UND SHRIMPS

- 2 Tomaten (ca. 200 g)
- 1 geröstete rote Paprikaschote (aus dem Glas, ca. 80 g)
- 1 Knoblauchzehe
- 3 Frühlingszwiebeln
- 1/2 Bund Petersilie
- 1 EL Weißweinessig
- Saft von 1/2 Limette
- 2 EL Pflanzenöl
- 1 EL Ahornsirup
- Salz | Harissa
- 100 g Shrimps (in Salzlake)
- 200 g bissfest gegarte Ditalini (siehe TIPP)

Für 2 Personen | Zubereitung **20 Min.** | Pro Person ca. **595 kcal, 26 g EW, 15 g F, 89 g KH**

1 Die Tomaten waschen, abtrocknen und vierteln, die Kerne und die Stielansätze entfernen. Das Fruchtfleisch in ca. 1 cm große Würfelchen schneiden. Die geröstete Paprikaschote abtropfen lassen und ebenfalls klein würfeln.

2 Den Knoblauch schälen und fein hacken. Die Frühlingszwiebeln putzen, waschen und in feine Ringe schneiden. Die Petersilie waschen und trockenschütteln, die Blättchen von den Stielen zupfen und fein hacken. Alles mit den Gemüsewürfelchen, Weißweinessig, Limettensaft, Öl und Ahornsirup in einer Schüssel vermischen, mit Salz und Harissa würzen.

3 Die Shrimps in ein Sieb abgießen, kalt abspülen und gut abtropfen lassen. Die Nudeln und Shrimps zur Harissa-Salsa geben und alles gut vermischen. Vor dem Servieren noch einmal abschmecken.

MEIN TAUSCH-TIPP

Ditalini sehen wie kleine Makkaroni-Stückchen aus. Wenn ich mal keine bekomme, verwende ich stattdessen **Makkaroni** und breche sie vor dem Kochen in kleine Stücke.

WER ODER WAS IST DENN HARISSA?

Keine italienische Nudelkönigin, sondern eine nordafrikanische scharfe Chilipaste! Gibt's in Tuben oder Gläsern im Supermarkt.

mit Peperoni-Vinaigrette

NUDELSALAT
MIT OLIVEN, ARTISCHOCKEN UND SALAMI

1–2 Knoblauchzehen
1/2 frische rote Peperoni
1/2 Bund Petersilie
4 EL Olivenöl
3 EL Aceto balsamico
Salz | getrocknete Chiliflocken
4 Artischockenherzen (in Öl, aus dem Glas)
60 g Mailänder Salami (in Scheiben)
4 Frühlingszwiebeln
200 g bissfest gegarte Fusilli lunghi bucati (lange Spiralnudeln, s. Seite 6)
60 g schwarze Oliven
2 EL fein gehobelter Parmesan

Für 2 Personen | Zubereitung **30 Min.** | Pro Person ca. **835 kcal, 27 g EW, 43 g F, 85 g KH**

1 Den Knoblauch schälen und fein hacken. Die Peperonihälfte waschen, entkernen, den Stielansatz entfernen und das Fruchtfleisch fein hacken. Die Petersilie waschen und trockenschütteln, die Blättchen fein hacken.

2 Das Olivenöl in einer kleinen Pfanne erhitzen. Knoblauch, Peperoni und Petersilie darin bei schwacher Hitze 2–3 Min. anbraten. Alles in einer Schüssel mit dem Essig vermischen, mit Salz und getrockneten Chiliflocken würzen.

3 Die Artischockenherzen auf Küchenpapier abtropfen lassen und längs vierteln. Die Salamischeiben in Streifen schneiden. Die Frühlingszwiebeln putzen, waschen und in feine Ringe schneiden. Die Nudeln mit Artischocken, Salami, Oliven und Frühlingszwiebeln zur Vinaigrette geben und alles gut vermischen. Noch einmal abschmecken und mit den Parmesanspänen bestreut servieren.

fürs Candle-Light-Dinner

NUDELSALAT MIT
ZITRONENCREME UND FORELLENKAVIAR

1 Bio-Zitrone ++ 4 EL Crème fraîche ++ Salz ++ Cayennepfeffer ++ Zucker ++ 200 g bissfest gegarte Penne (s. Seite 6) ++ 2 EL Forellenkaviar (aus dem Glas) ++ 1/2 Bund Schnittlauch

Für 2 Personen | Zubereitung **20 Min.** | Pro Person ca. **515 kcal, 16 g EW, 16 g F, 77 g KH**

1 Die Zitrone heiß abwaschen und abtrocknen, ca. 1 TL Schale fein abreiben und 2 EL Saft auspressen. Die Crème fraîche mit Zitronenschale und -saft in einer großen Schüssel verrühren, mit Salz, Cayennepfeffer und 1 Prise Zucker würzen.

2 Die Nudeln und den Forellenkaviar zur Zitronencreme geben und alles vorsichtig vermischen, damit der Kaviar nicht zerdrückt wird. Noch einmal abschmecken.

3 Den Schnittlauch waschen, trockenschütteln und in feine Röllchen schneiden. Den Nudelsalat mit Schnittlauchröllchen bestreuen und sofort servieren.

toll für Gäste

NUDELSALAT MIT APFEL-RADICCHIO UND GRAVED LAX

1 kleiner Radicchio (ca. 200 g)
1 kleiner süßsaurer Apfel (100 g)
2 Knoblauchzehen
4 EL Olivenöl | 1 TL Zucker
je 2 EL Apfelessig und Orangensaft
20 g Kapern (aus dem Glas)
Salz | Cayennepfeffer
200 g bissfest gegarte Spaghetti (siehe TIPPS)
100 g Graved Lax (siehe TIPPS)
4–5 Kapernäpfel (aus dem Glas)

Für 2 Personen | Zubereitung **20 Min.** | Pro Person ca. **790 kcal, 28 g EW, 35 g F, 91 g KH**

1 Den Radicchio putzen, halbieren und in feine Streifen schneiden. Radicchio-Streifen waschen und in der Salatschleuder gut trockenschleudern. Den Apfel waschen, vierteln, Stielansatz und Kerngehäuse entfernen, auf dem Gemüsehobel in feine Scheibchen hobeln. Knoblauch schälen und fein hacken.

2 In einer Pfanne 2 EL Olivenöl erhitzen. Die Radicchio-Streifen mit Knoblauch, Apfelscheibchen und Zucker darin unter Rühren bei mittlerer Hitze 3–4 Min. braten. Vom Herd nehmen.

3 Das restliche Öl in einer großen Schüssel mit dem Apfelessig, dem Orangensaft und den Kapern vermischen, kräftig mit Salz und Cayennepfeffer würzen. Spaghetti und die gebratene Apfel-Radicchio-Mischung zur Kapernsauce geben und alles gut vermischen. Noch einmal abschmecken.

4 Den Graved Lax fein würfeln und als »Tatar« auf den Nudelsalat setzen. Mit etwas Cayennepfeffer bestreuen und mit Kapernäpfeln garnieren.

MEINE KÜCHEN-TIPPS

Ich breche die **Spaghetti** vor dem Kochen einmal durch, dann lässt sich der Salat später leichter essen. Wenn ich mal keinen Graved Lax bekomme, nehme ich **Räucherlachs**.

gourmetmäßig gesund!

DINKELNUDELSALAT
MIT ANTI-AGING-PESTO

je 1/2 Bund Schnittlauch und Petersilie
1/2 Kästchen Kresse
3 Frühlingszwiebeln
2 Knoblauchzehen
1 reife Avocado
je 2 EL Orangensaft, Limettensaft und Apfelessig
1 1/2 EL helle Misopaste (fermentierte Sojabohnenpaste, aus dem Asien- oder Bioladen)
1 EL Olivenöl
Salz | getrocknete Chiliflocken
200 g bissfest gegarte Dinkel-Rigatoni (s. Seite 6)
je 2 EL geröstete Sesamsamen und frische Radieschensprossen

Für 2 Personen | Zubereitung **20 Min.** | Pro Person ca. **860 kcal, 23 g EW, 46 g F, 91 g KH**

1 Schnittlauch und Petersilie waschen und trockenschütteln, den Schnittlauch in feine Röllchen schneiden, die Petersilienblättchen fein hacken. Die Kresse mit einer Schere aus dem Kästchen schneiden. Die Frühlingszwiebeln putzen, waschen und in feine Ringe schneiden. Den Knoblauch schälen. Die Avocado längs halbieren und den Kern entfernen, die Hälften schälen und das Fruchtfleisch grob würfeln.

2 Avocado und die Hälfte der Kräuter und Frühlingszwiebeln mit Orangen- und Limettensaft, Essig, Knoblauch, Misopaste und Öl fein pürieren. In einer Schüssel mit Salz und Chiliflocken abschmecken.

3 Nudeln zum Avocadopüree geben, alles gut vermischen und nochmals abschmecken. Zum Servieren in eine neue Schüssel umfüllen und mit den restlichen Kräutern und Frühlingszwiebelringen, den gerösteten Sesamsamen und den Sprossen anrichten.

MEIN TAUSCH-TIPP
Statt Radieschensprossen nehme ich auch manchmal **Linsensprossen, Alfalfasprossen, Sojabohnensprossen** – was ich eben gerade habe.

UND WIESO HEISST DAS »ANTI-AGING-PESTO«?

Wegen der optimalen Zutaten-Kombi: Knoblauch und Kräuter wirken wie natürliche Antibiotika, Avocado schützt Herz und Gefäße, Sesam und Sprossen sind gut für Nerven und Gehirn und Misopaste enthält wertvolles Vitamin B12.

spannender Würz-Mix

NUDELSALAT
MIT CAFÉ-DE-PARIS-CRÈME

100 g grüne TK-Bohnen | Salz
6 Schalotten (ca. 100 g) | 2 EL Öl
2 EL Salat-Mayonnaise
je 1 EL Zitronensaft und Weißweinessig
je 1/2 TL Dijon-Senf und Tomatenmark
je 1 Msp. Paprikapulver, Currypulver, gemahlener Kümmel, Koriander und Ingwer, getrockneter Thymian und Majoran
1 Spritzer Worcestersauce
Cayennepfeffer
Zucker
1 Knoblauchzehe
je 1/2 Bund Dill und Petersilie
200 g bissfest gegarte Girandole (Spiralnudeln, s. Seite 6)

Für 2 Personen | Zubereitung **25 Min.** | Pro Person ca. **640 kcal, 17 g EW, 26 g F, 85 g KH**

1 Die TK-Bohnen nach Packungsanweisung in kochendem Salzwasser garen, abgießen, kalt abspülen und abtropfen lassen. Dann in ca. 2 cm lange Stücke schneiden.

2 Die Schalotten schälen, längs halbieren und die Hälften längs in feine Spalten schneiden. Das Öl in einer Pfanne erhitzen und die Schalotten darin unter Rühren goldbraun braten.

3 Die Mayonnaise mit Zitronensaft, Essig, Senf, Tomatenmark und Gewürzen verrühren, mit Worcestersauce, Salz, Cayennepfeffer und 1 Prise Zucker abschmecken. Knoblauch schälen und fein hacken. Dill und Petersilie waschen und trockenschütteln, die Spitzen bzw. Blättchen fein hacken. Knoblauch und Kräuter zur Sauce geben.

4 Nudeln, Bohnen und drei Viertel der Schalotten zur Sauce geben, alles gut vermischen und noch einmal abschmecken. Mit den restlichen Schalotten und etwas Cayennepfeffer bestreut servieren.

WAS BEDEUTET DENN »CAFÉ-DE-PARIS«?

Das ist eigentlich der Name für eine klassische Kräuterbutter, die man zu Steaks isst. Ich nehme die raffinierte Würzmischung sehr gerne als Nudelsalat-Dressing.

KLASSIKER NEU AUFGEPEPPT

fürs Fiftys-Revival

NUDELSALAT
À LA TOAST HAWAII

100 g Ananaswürfel (ohne Zucker, aus der Dose) ++ 100 g Emmentaler Sandwich-Scheiben ++ 100 g gekochter Schinken (in Scheiben, ohne Fettrand) ++ 3 EL Joghurt-Salatcreme (Fertigprodukt, aus dem Glas) ++ je 1 EL Zitronensaft und Rotweinessig ++ 2 EL Ananassaft (aus der Dose mit den Ananaswürfeln) ++ Salz ++ Cayennepfeffer ++ 200 g bissfest gegarte Farfalle (Schmetterlingsnudeln, s. Seite 6) ++ 1 EL Cocktailkirschen (nach Belieben; Spirituosenregal im Supermarkt)

Für 2 Personen | Zubereitung **20 Min.** | Pro Person ca. **680 kcal, 38 g EW, 21 g F, 84 g KH**

1 Die Ananaswürfel aus der Dose auf Küchenpapier abtropfen lassen, die Stückchen noch einmal längs halbieren. Die Käse- und Schinkenscheiben in etwa 1 x 2 cm lange Streifen schneiden.

2 Die Joghurt-Salatcreme mit Zitronensaft, Essig und Ananassaft in einer großen Schüssel verrühren, mit Salz und Cayennepfeffer kräftig würzen.

3 Die Nudeln mit den Ananasstückchen und den Käse- und Schinkenstreifen zur Sauce geben und alles gut vermischen. Vor dem Servieren noch einmal abschmecken. Für den Original-Fiftys-Touch nach Belieben mit knallroten Cocktailkirschen garnieren.

mit Tzatziki-Sauce

NUDELSALAT
MIT PUTEN-GYROS

1 Salatgurke
150 g griechischer Joghurt (10 % Fett)
4 EL Zitronensaft
2 Knoblauchzehen
Salz | Pfeffer
200 g Putenschnitzel
2 EL Olivenöl
1 TL getrockneter Oregano
200 g bissfest gegarte Rigatoni (s. Seite 6)
4 Blätter Romana-Salat
1 kleine weiße Zwiebel
1 Tomate

Für 2 Personen | Zubereitung **40 Min.** | Pro Person ca. **675 kcal, 42 g EW, 17 g F, 87 g KH**

1 Die Gurke waschen, abtrocknen, der Länge nach halbieren und die Kerne herausschaben. Die Gurkenhälften noch einmal längs halbieren und quer in feine Scheibchen schneiden. Den Joghurt mit 2 EL Zitronensaft verrühren. Den Knoblauch schälen, 1 Zehe dazupressen, die andere beiseite legen. Die Gurkenstücke untermischen und alles mit Salz und Pfeffer würzen.

2 Die Putenschnitzel kalt abwaschen, mit Küchenpapier abtrocknen und in feine Streifen schneiden. In einer Schüssel mit dem Olivenöl vermischen und mit Oregano und Salz würzen. Den übrigen Knoblauch dazupressen. Eine beschichtete Pfanne erhitzen, das Fleisch darin ohne zusätzliches Öl unter Rühren knusprig goldbraun braten. Mit restlichem Zitronensaft beträufeln und abkühlen lassen.

3 Die Nudeln und das abgekühlte Putenfleisch zur Tzatziki-Sauce geben, alles gut vermischen und noch einmal abschmecken. Die Salatblätter waschen, abtrocknen und in feine Streifen schneiden. Die Zwiebel schälen, halbieren und längs in feine Spalten schneiden. Die Tomate waschen, halbieren, entkernen und in Streifen schneiden. Den Nudelsalat mit Salatstreifen, Zwiebelspalten und Tomatenstreifen anrichten.

für Käse-Fans

NUDELSALAT

»QUATTRO FORMAGGI«

2 EL Mascarpone ++ je 1–2 EL Balsamico bianco, Zitronensaft und Gemüsebrühe (Instant) ++ Salz ++ Pfeffer ++ Muskatnuss, frisch gerieben ++ getrocknete Chiliflocken ++ 8 Mini-Mozzarellabällchen (ca. 60 g) ++ je 40 g Provolone (ital. Hartkäse) und Parmesan ++ je 1/2 Bund Rucola und Basilikum ++ 3 Frühlingszwiebeln ++ 200 g bissfest gegarte Fusilli (s. Seite 6)

Für 2 Personen | Zubereitung **20 Min.** | Pro Person ca. **680 kcal, 37 g EW, 25 g F, 81 g KH**

1 Den Mascarpone in einer großen Schüssel mit Essig, Zitronensaft und Gemüsebrühe verrühren. Die Sauce kräftig mit Salz, Pfeffer, frisch geriebener Muskatnuss und getrockneten Chiliflocken würzen.

2 Die Mozzarellabällchen halbieren, den Provolone klein würfeln, den Parmesan auf dem Gemüsehobel oder mit dem Sparschäler in feine Scheibchen hobeln. Rucola und Basilikum waschen, trockenschütteln, die Blätter fein hacken. Frühlingszwiebeln putzen, waschen und in feine Ringe schneiden. Die Nudeln, die verschiedenen Käsesorten, Rucola, Basilikum und Frühlingszwiebeln zur Mascarpone-Sauce geben, alles gut vermischen und noch einmal kräftig abschmecken.

MATJES-NUDELSALAT

Nord-Süd-Achse

3 EL saure Sahne
je 1 EL Rotweinessig und Zitronensaft
Salz | Pfeffer | Zucker
1 rote Zwiebel
4 Essiggurken (+ 1 EL Einlegeflüssigkeit)
2 Matjesfilets (ca. 120 g)
200 g bissfest gegarte Maccheroncini
(kleine Röhrchennudeln, s. Seite 6)
1/2 Bund Dill

Für 2 Personen | Zubereitung **30 Min.** | Pro Person ca. **585 kcal, 25 g EW, 17 g F, 82 g KH**

1 Die saure Sahne in einer großen Schüssel mit Essig, Zitronensaft und der Einlegeflüssigkeit aus dem Gurkenglas verrühren. Mit Salz, Pfeffer und 2–3 Prisen Zucker abschmecken.

2 Die Zwiebel schälen und längs halbieren, die Hälften längs in feine Spalten schneiden. Die Essiggurken in feine Scheibchen schneiden. Die Matjesfilets kurz kalt abwaschen, mit Küchenpapier trockentupfen und in 1–2 cm große Stücke schneiden.

3 Die Nudeln mit Zwiebel, Gurken und Matjes zur Sauce geben, alles gut vermischen und noch einmal abschmecken. Den Dill waschen und trockenschütteln, die Spitzen abzupfen, fein hacken und über den Salat streuen.

MEIN TAUSCH-TIPP

Statt Matjes mal **eingelegte Heringe** nehmen!

Breakfast mit Pasta

NUDELSALAT »HAM AND EGGS«

1 EL mittelscharfer Senf
2 EL Weißweinessig
2 EL Mayonnaise
Salz | Cayennepfeffer
Worcestersauce
6 Scheiben Frühstücksspeck (ca. 100 g)
6 Cocktailtomaten (ca. 100 g)
3 Eier
200 g bissfest gegarte Eier-Hörnchennudeln (s. Seite 4)
1/2 Bund Schnittlauch

Für 2 Personen | Zubereitung **30 Min.** | Pro Person ca. **905 kcal, 40 g EW, 48 g F, 81 g KH**

1 Den Senf in einer großen Schüssel mit Essig und Mayonnaise verrühren und mit Salz, Cayennepfeffer und Worcestersauce kräftig würzen.

2 Die Speckscheiben quer halbieren. In einer beschichteten Pfanne ohne zusätzliches Fett bei schwacher Hitze knusprig braun ausbraten, dabei ein- bis zweimal wenden. Herausnehmen und auf Küchenpapier abtropfen lassen (die Pfanne nicht spülen). 2 Speckscheiben beiseite legen, die restlichen in feine Stückchen brechen.

3 Die Tomaten waschen, einmal kreuzweise einritzen und im Speckfett bei schwacher Hitze 3–4 Min. braten. Herausnehmen. Anschließend im heißen Speckfett zugedeckt 3 Spiegeleier braten. 1 gebratenes Ei für die Deko beiseite legen, die anderen fein würfeln.

4 Nudeln, Speckstückchen, 4 gebratene Tomaten und gewürfelte Eier zur Senfsauce geben, alles gut vermischen und noch einmal abschmecken. Den Schnittlauch waschen, trockenschütteln und in feine Röllchen schneiden. Den Nudelsalat mit den übrigen Speckscheiben, den beiden restlichen Tomaten, dem beiseite gelegten Spiegelei und den Schnittlauchröllchen garnieren.

küss' die Nudel

NUDELSALAT
MIT WIENER-SCHNITZEL-BÄLLCHEN

200 g Kalbs- oder Schweinehackfleisch
Salz | Pfeffer
edelsüßes Paprikapulver
1 Ei (M)
4 EL Paniermehl
2 EL Mehl
je 1 EL Pflanzenöl und Butter
6 Radieschen
1/2 Salatgurke
1 kleine rote Zwiebel
1 EL mittelscharfer Senf
2 EL Mayonnaise | 2 EL Weißweinessig
200 g bissfest gegarte Orecchiette (Öhrchennudeln, s. Seite 6)

Für 2 Personen | Zubereitung **40 Min.** | Pro Person ca. **620 kcal, 31 g EW, 28 g F, 29 g KH**

1 Das Hackfleisch mit je 1/4 TL Salz, Pfeffer und Paprikapulver vermischen. Das Ei mit einer Gabel verquirlen. 2 EL der Eimasse und 1 EL Paniermehl zum Hackfleisch geben, alles gut vermischen und mit nassen Händen walnussgroße Bällchen daraus formen.

2 Zum Panieren das Mehl, die restliche Eimasse und das übrige Paniermehl auf je einen Teller geben. Die Fleischbällchen erst in Mehl, dann im Ei und im Paniermehl wenden. Öl und Butter zusammen in einer Pfanne erhitzen. Die Fleischbällchen darin in 6–8 Min. goldbraun braten, dabei mehrmals wenden. Herausnehmen und auf Küchenpapier entfetten.

3 Die Radieschen putzen, waschen und in feine Scheibchen schneiden. Die Gurke waschen, längs halbieren, entkernen und in Scheiben schneiden. Die Zwiebel schälen, halbieren und in feine Streifen schneiden.

4 Den Senf in einer Schüssel mit Mayonnaise und Essig verrühren, mit Salz und Pfeffer würzen. Radieschen, Gurke, Zwiebel und Nudeln dazugeben, alles gut vermischen und noch einmal abschmecken. Mit den Wiener-Schnitzel-Bällchen anrichten.

KANN ICH DENN DIE GURKE EINFACH SO UNGESCHÄLT NEHMEN?

Na klar, vor allem, wenn es sich um eine Bio-Gurke handelt – mit der Schale kommen auch gleich noch ein paar mehr Vitamine ans Essen!

NUDEL-SALATE

CROSSOVER

leicht und frisch

GLASNUDELSALAT
MIT WASABI-GAZPACHO-DRESSING

100 g Glasnudeln ++ 1/4 Salatgurke ++ 1/2 gelbe Paprikaschote ++ 1 Tomate ++ 1 Stange Staudensellerie ++ 1/4 Kohlrabi ++ 1/2 Bund Basilikum ++ 3 EL Olivenöl ++ 2 EL Weißweinessig ++ je 1–2 TL Sardellenpaste und Wasabi (grüne japanische Meerrettichpaste) ++ 2 EL Pastis (franz. Anis-Schnaps) ++ Salz ++ Sambal oelek

Für 2 Personen | Zubereitung **20 Min.** | Pro Person ca. **380 kcal, 5 g EW, 22 g F, 33 g KH**

1 Die Glasnudeln mit reichlich kochendem Wasser übergießen, 8–10 Min. ziehen lassen, abgießen, kalt abspülen und abtropfen lassen. Dann mit einer Küchenschere mehrmals durchschneiden.

2 Inzwischen die Gurke waschen, halbieren und entkernen. Paprikaschote waschen, Stielansatz, Kerne und weiße Innenhäutchen entfernen. Tomate waschen, halbieren, Stielansatz und Kerne entfernen. Sellerie putzen und waschen, Kohlrabi schälen. Das ganze Gemüse in ca. 1/2 cm große Würfel schneiden. Basilikum waschen und trockenschütteln, die Blätter in feine Streifen schneiden.

3 Öl, Essig, Sardellenpaste und Wasabi in eine Salatschüssel geben und mit einem Schneebesen gründlich verrühren. Basilikum und Pastis zugeben, mit Salz und Sambal oelek würzen. Glasnudeln und Gemüsewürfelchen untermischen und alles noch einmal abschmecken.

mit japanischer Pasta

SOBA-NUDELSALAT »POMODORI CRUDI«

500 g Tomaten
2 Knoblauchzehen
1/2 Bund Basilikum
3 EL Aceto balsamico
4 EL Olivenöl
Salz | Pfeffer
1 Stange Lauch (ca. 100 g)
200 g bissfest gegarte Soba-Nudeln (japan. Buchweizennudeln, s. Seite 6)
2 EL fein gehobelter Parmesan

Für 2 Personen | Zubereitung **45 Min.** | Pro Person ca. **645 kcal, 23 g EW, 28 g F, 82 g KH**

1 Die Tomaten mit kochendem Wasser überbrühen, häuten und vierteln. Kerne und Stielansätze entfernen, dann das Fruchtfleisch in 1–2 cm große Würfel schneiden und in eine Schüssel geben.

2 Den Knoblauch schälen und zu den Tomaten pressen. Basilikum waschen und trockenschütteln, die Blätter in feine Streifen schneiden und dazugeben. Den Essig und 3 EL Olivenöl hinzufügen, alles gut vermischen und kräftig mit Salz und Pfeffer würzen.

3 Den Lauch längs halbieren, gründlich waschen, trocknen und quer in feine Streifen schneiden. Das restliche Olivenöl in einer Pfanne erhitzen, den Lauch darin unter Rühren 2–3 Min. braten.

4 Die Nudeln zur Tomaten-Vinaigrette geben, alles gut vermischen und noch einmal abschmecken. Mit gebratenen Lauchstreifen und gehobeltem Parmesan servieren.

MEIN TAUSCH-TIPP

Wenn ich keine Soba-Nudeln da habe, bereite ich den Salat auch mal mit **Spaghettini** zu.

WAS TUN, WENN KEIN ASIENLADEN IN DER NÄHE IST?

Asiatische Lebensmittel wie Wasabi oder Soba-Nudeln können Sie im Internet z. B. bei www.gourmondo.de oder bei www.asia-online-shop.de bestellen.

für Urlaubs-Feeling!

PASTA-SALAT »RUND UMS MITTELMEER«

1 Hähnchenbrustfilet (ca. 120 g)
Salz | getrocknete Chiliflocken
3 EL Olivenöl
100 g Cocktailgarnelen
1 Knoblauchzehe
1 Döschen gemahlener Safran (0,1 g)
2 EL Limettensaft
1–2 EL Aceto balsamico
4 EL Hähnchen- oder Gemüsebrühe (Instant)
100 g geröstete rote Paprikaschoten (aus dem Glas)
100 g Schafkäse (Feta)
200 g bissfest gegarte Pennette (s. Seite 6)
Sumach (Salat-Würzpulver aus der Essigbaumfrucht, gibt's in türkischen Lebensmittelgeschäften)

Für 2 Personen | Zubereitung **30 Min.** | Pro Person ca. **755 kcal, 45 g EW, 28 g F, 78 g KH**

1 Das Hähnchenbrustfilet kalt abwaschen, trockentupfen, rundherum salzen und mit Chiliflocken bestreuen. In einer Pfanne 1 EL Öl erhitzen, das Fleisch darin bei mittlerer Hitze ca. 8 Min. braten, dabei zwei- bis dreimal wenden. Herausnehmen (Pfanne nicht spülen), etwas abkühlen lassen und quer in feine Scheiben schneiden.

2 Die Garnelen kurz kalt abwaschen und mit Küchenpapier trockentupfen. In die heiße Pfanne geben und bei mittlerer Hitze 1–2 Min. braten. Den Knoblauch schälen und dazupressen. Den Safran und 1 EL Limettensaft dazugeben, gut vermischen und abkühlen lassen.

3 Den Essig in einer Schüssel mit dem restlichen Olivenöl und Limettensaft und der Brühe verrühren, mit Salz und Chiliflocken würzen. Die gerösteten Paprikaschoten abtropfen lassen und in feine Streifen schneiden. Den Feta-Käse in 1–2 cm große Würfel schneiden.

4 Nudeln, Hähnchenbrust, Garnelen mit Safran-Flüssigkeit, Paprika und Feta zur Vinaigrette geben, alles gut vermischen und noch einmal abschmecken. Mit Sumach bestreuen und servieren.

CURRY-REISNUDELSALAT »ROT-GELB«

Partyhit-verdächtig!

1 Tomate
1/2 gelbe Paprikaschote
je 1 TL rote und gelbe Currypaste (aus dem Asienladen)
2 EL Gemüsebrühe (Instant)
2 EL Olivenöl
2 EL Limettensaft
1 EL Aceto balsamico
1 EL Ajvar (Paprikapüree aus dem Glas)
200 g bissfest gegarte Orzo-Nudeln (s. Seite 6)
Salz | 1/2 TL Currypulver

Für 2 Personen | Zubereitung **30 Min.** | Pro Person ca. **510 kcal, 13 g EW, 15 g F, 80 g KH**

1 Die Tomate waschen, halbieren, Stielansatz und Kerne entfernen, das Fruchtfleisch fein würfeln. Die Paprikaschote waschen, Stielansatz, Kerne und weiße Innenhäutchen entfernen, das Fruchtfleisch in ca. 1 cm große Würfelchen schneiden.

2 Zwei Schüsseln bereitstellen. In einer Schüssel die rote Currypaste mit je 1 EL Gemüsebrühe, Olivenöl, Limettensaft, Essig und Ajvar verrühren. Die Hälfte der Orzo-Nudeln und die Tomatenwürfelchen zugeben, alles gut vermischen und mit Salz abschmecken.

3 In der zweiten Schüssel die gelbe Currypaste ebenfalls mit je 1 EL Gemüsebrühe, Olivenöl, Limettensaft und dem Currypulver verrühren. Restliche Nudeln und die Paprikawürfel zugeben, alles gut vermischen und mit Salz abschmecken.

MEIN TAUSCH-TIPP

Statt Tomaten **rote Paprika** und statt gelber Paprika mal **gelbe Tomaten** nehmen.

Gewürzpaste
350 ml

Asia-Italo-Mix

THAI-TORTELLINISALAT

1 Knoblauchzehe
1/2 rote Peperoni
2 EL Öl
200 g Schweinehackfleisch
3 EL Fischsauce
1 EL Limettensaft
Saft von 1 Orange (ca. 5 EL)
2 EL Sojasauce
Zucker | Salz
Sambal oelek
2 Tomaten (ca. 150 g)
3 Frühlingszwiebeln
1/2 Bund Koriandergrün
250 g bissfest gegarte, frische Tortellini (mit Ricotta und Spinat, aus dem Kühlregal, s. Seite 6)

Für 2 Personen | Zubereitung **30 Min.** | Pro Person ca. **555 kcal, 37 g EW, 27 g F, 40 g KH**

1 Den Knoblauch schälen und fein hacken. Die Peperonihälfte entkernen und ebenfalls fein hacken. In einer Pfanne 1 EL Öl erhitzen. Knoblauch, Peperoni und Hackfleisch darin bei mittlerer Hitze unter Rühren 4–5 Min. braten.

2 Restliches Öl mit Fischsauce, Limettensaft, Orangensaft und Sojasauce in einer großen Schüssel verrühren, mit 1–2 Prisen Zucker, Salz und Sambal oelek würzen.

3 Die Tomaten waschen, vierteln, Stielansatz und Kerne entfernen, das Fruchtfleisch in kleine Würfel schneiden. Die Frühlingszwiebeln putzen, waschen und in feine Ringe schneiden. Das Koriandergrün waschen und trockenschütteln, die Blättchen abzupfen und fein hacken.

4 Die Tortellini mit Hackfleisch, Tomaten, Frühlingszwiebeln und Koriander zur Sauce geben, alles vorsichtig vermischen und noch einmal abschmecken.

KANN ICH DEN SALAT AUCH MAL FÜR GÄSTE MACHEN?

Na klar – Sie können ihn 2–3 Std. vor dem Essen zubereiten und im Kühlschrank durchziehen lassen. Rechtzeitig herausnehmen, damit er zum Essen wieder Zimmertemperatur annimmt!

so richtig schwabiatisch

SPÄTZLESALAT
MIT ROTEN KOKOS-LINSEN

100 g rote Linsen
5 Frühlingszwiebeln
2 EL Öl
1 1/2 TL gelbe Currypaste
250 ml ungesüßte Kokosmilch
100 ml Gemüsebrühe (Instant)
je 2 EL Fischsauce (aus dem Asialaden) und Sojasauce
2 EL Weißweinessig
Salz | Cayennepfeffer
200 g bissfest gegarte, getrocknete Spätzle (s. Seite 6)
1 EL Limettensaft
100 g Cocktailtomaten

Für 2 Personen | Zubereitung **40 Min.** | Pro Person ca. **915 kcal, 30 g EW, 36 g F, 117 g KH**

1 Die Linsen in einem Sieb kurz kalt abspülen. Die Frühlingszwiebeln putzen, waschen und in feine Ringe schneiden. Das Öl in einem Topf erhitzen, 4 EL Frühlingszwiebelringe und die Currypaste darin bei mittlerer Hitze unter Rühren 2–3 Min. anbraten.

2 Linsen, Kokosmilch und Gemüsebrühe zugeben, alles gut vermischen und 12–15 Min. bei mittlerer Hitze garen, dabei mehrmals umrühren. Fischsauce, Sojasauce und Weißweinessig zugeben. Die Linsen mit Salz und Cayennepfeffer abschmecken und abkühlen lassen.

3 Spätzle und abgekühlte Kokos-Linsen mit dem Limettensaft in einer Schüssel vermischen, alles noch einmal mit Salz und Cayennepfeffer abschmecken.

4 Die Cocktailtomaten waschen, vierteln, die Stielansätze entfernen. Den Spätzlesalat mit den Tomatenvierteln und den restlichen Frühlingszwiebeln anrichten.

MUSS MAN DIE LINSEN DENN NICHT ÜBER NACHT EINWEICHEN?

Das ist bei roten Linsen nicht nötig – sie haben mit etwa 15 Min. auch so eine besonders kurze Garzeit.

Die Autorin

Cornelia Trischberger hat nach Studium und Journalistenausbildung ihre Koch-Leidenschaft zum Beruf gemacht – erst als Ressortleiterin bei einer großen Frauenzeitschrift, jetzt als freiberufliche Food-Journalistin und Autorin. Sie ist natürlich absoluter Nudel-Fan – und richtig stolz darauf, vom »Museo Nazionale delle Paste Alimentari« in Rom schon mal einen Preis für die besten ausländischen Pasta-Rezepte bekommen zu haben ...

Der Fotograf

Jörn Rynio zählt internationale Zeitschriften, namhafte Buchverlage und Werbeagenturen zu seinen Auftraggebern. Mit klarem Stil, einer großen Portion Kreativität und appetitanregendem Styling setzt der Hamburger Fotograf Food-Spezialitäten aus aller Welt stimmungsvoll in Szene. Tatkräftig unterstützt wird er dabei von seinen Stylistinnen **Petra Speckmann** (Food) und **Michaela Suchy** (Requisite).

Bildnachweis

Titelfoto und U4: Klaus-Maria Einwanger, Rosenheim; alle anderen: Jörn Rynio, Hamburg

Programmleitung: Doris Birk
Leitende Redakteurin: Stephanie Wenzel
Redaktion: Alessandra Redies
Lektorat: Margit Proebst
Korrektorat: Susanne Elbert
Layout, Typographie und Umschlaggestaltung: Lucie Schmid, independent Medien-Design, München
Illustrationen Seite 4, 48 und U3: Betti Trummer, Karlsruhe; außer S. 4, erste von oben und U3 Nr. 12: Harold Lazaro, Backyard10, München
Satz: Filmsatz Schröter, München
Herstellung: Bettina Häfele
Reproduktion: Penta Repro, München
Druck und Bindung: Druckhaus Kaufmann, Lahr

ISBN 978-3-8338-0667-4

1. Auflage 20007

GRÄFE UND UNZER

Ein Unternehmen der GANSKE VERLAGSGRUPPE

DAS ORIGINAL MIT GARANTIE · GU

DAS ORIGINAL MIT GARANTIE

Ihre Meinung ist uns wichtig. Deshalb möchten wir Ihre Kritik, aber auch Ihr Lob erfahren, um als führender Ratgeberverlag noch besser zu werden. Darum schreiben Sie uns! Wir freuen uns auf Ihre Post und wünschen Ihnen viel Spaß mit Ihrem GU-Ratgeber.

Unsere Garantie: Sollte ein GU-Ratgeber einmal einen Fehler enthalten, schicken Sie uns das Buch mit einem kleinen Hinweis und der Quittung innerhalb von sechs Monaten nach dem Kauf zurück. Wir tauschen Ihnen den GU-Ratgeber gegen einen anderen zum selben oder ähnlichen Thema um.

GRÄFE UND UNZER VERLAG

Redaktion Kochen & Verwöhnen

Postfach 86 03 13
81630 München
Fax: 0 89/4 19 81-113

oder schreiben Sie uns eine E-Mail:
leserservice@graefe-und-unzer.de

100 JAHRE GANSKE VERLAGSGRUPPE

ÜBER DEN TELLERRAND

 **1 Die ältesten Nudeln** sind 4000 Jahre alt und stammen aus einem prähistorischen Dorf in China. 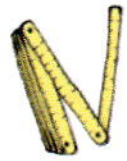 **2 Die längste Nudel** wurde am 20. November 2004 in Wien unter notarieller Aufsicht in Handarbeit hergestellt: 180 m lang, 1,5 kg schwer, ausreichend für 50 Portionen.  **3 Das Nudelmuseum** befindet sich in der Altstadt von Rom und heißt »Museo Nazionale delle Paste Alimentari«. Darin ist die über 800-jährige Geschichte der Pasta in Italien dokumentiert – von der ersten Erwähnung in einem Dokument aus dem 12. Jahrhundert über antikes Handwerkszeug zur Pasta-Herstellung bis zur Formenvielfalt der Nudeln von heute.  **4 Nudelsalat, Modell »Mutti«** Das in Deutschland wohl bekannteste Urmodell des Nudelsalates enthält Fleischwurst, Erbsen, Eier, Essiggurken und Mayo-Dressing.  **5 Nudelparty** Pasta in jeder Form ist wegen der schnell verwertbaren Energie ideal am Vorabend eines Marathonlaufs (gilt nur für Teilnehmer!) 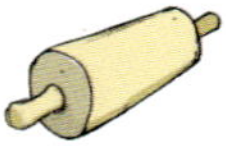 **6 Nudelholz** englisch auch: »rolling pin« (nicht zu verwechseln mit »rolling stone«): ein Arbeitsgerät, das aus einer